Aaron Copland
(1900 - 1990)

SCHERZO HUMORISTIQUE

« Le chat et la souris »

pour piano

DURAND

1

SCHERZO HUMORISTIQUE
« Le Chat et la Souris »

Aaron COPLAND

D. & F. 10107

4

avec beaucoup d'exubérance

doucement, d'une manière funèbre

boiteusement